RAPPORT

ADRESSÉ A Mr V. COUSIN,

PAIR DE FRANCE,

Sur divers Manuscrits français

de la Bibliothèque de Valenciennes,

Par Mr J. Mangeart,

Professeur de Philosophie.

VALENCIENNES.
LIBRAIRIE DE LEMAITRE.
IMPRIMERIE DE B. HENRY, MARCHÉ AU POISSON.
M DCCC XXXVIII.

RAPPORT

adressé à Mr V. Cousin,

PAIR DE FRANCE,

SUR DIVERS MANUSCRITS FRANÇAIS

de la Bibliothèque de Valenciennes,

PAR Mr J. MANGEART,

Professeur de Philosophie.

VALENCIENNES.

LIBRAIRIE DE LEMAITRE.

IMPRIMERIE DE B. HENRY, MARCHÉ AU POISSON.

M DCCC XXXVIII.

A Monsieur V. Cousin,

Pair de France,

MEMBRE DU CONSEIL ROYAL DE L'INSTRUCTION PUBLIQUE.

Monsieur le Conseiller,

Dans mon premier Rapport sur le Manuscrit de Gerson, que possède la Bibliothèque de Valenciennes, je vous promettais d'autres observations sur ce précieux monument. Je devais rassembler de nouvelles preuves tendant à établir que les divers traités contenus dans ce Manuscrit sont de Gerson, chancelier de l'Université de Paris. Je devais aussi aborder une question importante, celle de savoir si l'*Imitation de Jésus-Christ* a été d'abord écrite en français, comme plusieurs critiques inclinent à le penser ; puis devait venir la question subsidiaire de savoir si les trois livres français du Manuscrit de Valenciennes sont l'ouvrage original. J'allais entreprendre cette dernière partie de ma tâche, et vous en exposer le résultat dans un second Rapport, quand j'ai découvert à la Bibliothèque de Valenciennes quelques autres Manuscrits qui me semblent de nature à fixer votre attention. Ces nouvelles recherches ne m'ont pas tellement éloigné de mon premier travail, qu'il n'y ait encore plus d'un point de contact entre les deux Rapports que j'ai l'honneur de vous adresser. Ici encore j'aurai à vous parler de Gerson : ici encore *l'Imitation* reparaîtra, sur le second plan il est vrai, mais placée de manière, cependant, qu'elle puisse avoir sa part des quelques rayons de jour qui peut-être s'échapperont de mon second essai.

Je vous parlerai aujourd'hui de plusieurs Manuscrits français, mais spécialement de deux, qui ont plus directement trait à la tâche que vous m'avez prescrite, et qui, je crois, s'expliquent et s'éclairent l'un par l'autre.

I.

Le premier est ainsi désigné sur le Catalogue : *Le Miroir de la Mort moult prouffitable pour retraire de pechie. — Le Miroir des Pecheurs par saint Bernard.*

Ce n'était pas, il faut en convenir, en présence de ce renseignement que je pouvais soupçonner que ce Manuscrit contînt deux traités de Gerson. Je l'examinai cependant ; je le parcourus avec un soin tout religieux ; et si je ne suis point assez heureux pour convaincre que ces deux ouvrages sont de Gerson, j'aurai du moins dissipé une erreur, celle qui consiste à les attribuer à saint Bernard (1).

Ce livre ne présente, comme Manuscrit, aucune donnée qui puisse mettre sur la voie des découvertes. Il ne porte ni date, ni lieu, ni nom de copiste. Je le crois cependant de la même époque et de la même écriture que le magnifique Manuscrit dont je vous ai entretenu dans mon premier Rapport.

(1) Après avoir recueilli le peu de renseignemens qu'on peut se procurer ici, je n'ai rien trouvé qui me fît connaître le véritable auteur de ces deux traités, rien même qui m'autorisât à croire qu'ils aient jamais été publiés. J'ai donc cru qu'il était de mon devoir d'en donner connaissance au monde littéraire ; car ce n'est point ici le cas de dire : « Dans « le doute, abstiens-toi. » Si ces deux ouvrages ne sont point inédits, mes recherches n'auront point été pourtant tout-à-fait infructueuses, puisqu'elles auront servi à dissiper une erreur introduite dans le Catalogue de la Bibliothèque de Valenciennes, et ramené l'attention des savans sur deux écrits qui ne sont point sans importance.

Il est comme lui sur vélin, in-f°, mais plus petit : c'est aussi un chef-d'œuvre de calligraphie. En tête du premier traité est une belle miniature, encadrée de fleurs et d'ornemens bizarres au milieu desquels on distingue deux figures fantastiques qui sentent le mysticisme. Les titres des chapitres sont en lettres rouges : les capitales sont soigneusement coloriées et rehaussées d'or. C'est, en un mot, et la même écriture et les mêmes ornemens que ceux du Manuscrit dont je vous ai déjà parlé. Voilà pour ce qui tient à la confection matérielle du livre. Quant à sa composition littéraire, il y a entre les deux Manuscrits des rapports non moins sensibles de parenté. Le *Miroir d'Humilité* est frère du *Miroir de la Mort* aussi bien que du *Miroir des Pécheurs*. Il complète parfaitement cette trilogie religieuse et mystique.

Le Manuscrit dont je viens de vous faire la description renferme les deux derniers traités ci-dessus : le premier se divise en vingt et un chapitres ; le second en contient quarante. Il se compose en tout de 163 feuillets. On y trouve d'abord plusieurs feuillets non cotés, présentant les deux tables des *rubriches* de ces deux ouvrages. Permettez-moi, M. le Conseiller, de vous soumettre deux ou trois extraits de ce double *Miroir*. Vous apprécierez plus facilement et le style et la pensée de l'auteur. Je transcrirai ensuite différens passages qui pourront, je crois, jeter quelque jour sur la question de savoir si l'on peut avec vraisemblance les attribuer à Gerson.

Voici le titre et le commencement du premier chapitre du *Miroir de la Mort :*

« *Douloureuse vision et complainte de lhomme estant en*
« *larticle de la mort aveuc pluiseurs beaulz-enseignemens ser-*
« *vans a toutes personnes quy ont voulente de bien mourir.*

« Souverain roy de paradis, quant je ramembre en ma
« memoire que tu es mon Dieu, et que tu mas cree par ta
« divine puissance, et que je ne scay se onques je feys chose
« qui fust digne destre presentee pardevant toy, mon povre
« cœur tramble de paour de ta justice ; car je sens que jay
« use le temps passe, voire toute ma vie, en vanitez et plai-
« sances de mon corps. Or est vray quen toutes les œuvres
« que creature humaine si peut faire, celle est souveraine et

« principale quy tousjours tend a bonne fin. Mais pour tant « que au monde a pluiseurs manieres de vivre et que lon a « trouve tant de diverses manieres de doctrine et sciences, « que tout le monde est plain descriptures et de livres en « latin, en franchois et en pluiseurs aultres langages, qui « parlent subtillement des vices, des vertus et de pluiseurs « questions, se tout je vouloie encerchier, tout mon eage ne « souffiroit mye pour ce furnir non pas a la centiesme partie.

« O Sapience pardurable, qui es prince et seigneur souve- « rain du ciel et de la terre, et quy as en toy le tresor de toutes « sciences, je te supplie de fin cœur et de tout mon desir que « de toutes ces choses tu me veulles extraire et compiler ung « livret et une petite et briefve doctrine, comme tu bien scez « quil est de faire ; par quoy tant et si longuement que mon « ame et mon corps seront ensamble conjoints en ceste pre- « sente vie, je me puisse du tout disposer a toy craindre et « doubter, et faire chose quy te soit agreable : a celle fin que « quant par ton commandement il me conviendra departir « de mon corps et de ce monde, je puisse estre participant de « ta glore pardurable,

« *Sapience*. Beau filz, les sains martirs et aultres, quy « maintenant sont glorieux ou ciel, ont este reluisans et « exemplaires au monde comme le soleil. Desquelz aulcuns « ont este raemplis et pourveus de bonnes vertus et de « grande perfection, et ont moult victorieusement battaillie « a lencontre des pechiez, et ont esleve leurs ames a moy par « sainte contemplation ; et desquelz se tu veulz ensievir la « vie et la doctrine, tu y trouveras les parfais enseignemens « de la vie espirituele. Mais pour tant que je perchoy que tu « tends et desires parvenir a lestat de perfection et non mye « en la science mondaine en laquelle les pluiseurs sont aveu- « glez, je te donneray ung don especial comme un memorial « que tu porteras avecques toy, lequel te apprendra a mener « sainte vye et devote, en toy conduisant a bonne fin.

« Donques tu doibs scavoir que le principal fondement si « est de *soy devotement humilier* et de craindre Dieu, car cest « le vray commencement de sapience ; et quant tu auras cre- « meur en toy, et que tu ameras et doubteras Dieu sur toutes

« choses, je tenseigneray et endoctrineray de ce que tu de-
« sires dapprendre. Et tout premierement comment et *en quel*
« *estat on doibt vouloir mourir*. En aprez comment et par
« quele maniere tu pourras eslongier et *delaissier tous pechiez*.
« Aprez je te veul enseignier par quele fachon tu pourras a
« moy eslever ton ame PAR SAINTE CONTEMPLATION. Et se par
« tele conduite tu te vœulz occuper, moyennant que ce soit
« discretement et par bonne maniere, en toy bien souvent
« recommandant à moy, certes tu auras paix en ce monde et
« avecques moy repos pardurable et sans fin.

« *Le Disciple*. O mon benoit createur, en bonne verite
« cest ce que je requiers de tout mon cœur, de tout mon sens
« et de toute ma force; aultre chose ne desire, et en ce voul-
« droye directement user le residu de mes jours.

« *Sapience*. Il est possible que cestuy labeur au commen-
« cement te sera dur et aspre, mais ne demourera gueires
« aprez quant petit te grievera, et le feras assez legierement
« et voulentiers. Et en la continuant finablement tu y pren-
« dras grant plaisir, moyennant que tu y continues de bon
« courage. Et pour tant, beau filz, escoute et entends la
« discipline et advertissement de ton pere et mets diligam-
« ment en effect mes paroles, car elles feront plus de bien a
« ton ame que toutes les richesses du monde. Ne vœulles
« nullement prendre exemple a ceulz quy de leur bon propos
« sont repentans, esquelz devotion est faillie, charite re-
« froidie, humilite et obedience abattues, avec crainte de
« Dieu oubliee; et ne veulent entendre a leur salut ne com-
« plaire a leur createur: car ou temps a venir ilz seront moult
« povres et meschans. Mais adfin que tu soyes plus ardant
« et plus diligent de ensuivir ma doctrine, je te apprendray
« comment tu te doibs disposer a bien mourir. »

Le style et l'esprit de tout ce passage ne sont-ils pas, M. le Conseiller, ceux mêmes du *Miroir d'humilité*, ceux aussi de l'*Imitation de Jésus-Christ*? Cet entretien de Sapience et du disciple ne vous rappelle-t-il pas l'entretien de J.-C. avec l'âme fidèle? Les mots de cet extrait qui se trouvent en caractères italiques ne viennent-ils pas justifier mon opinion, que le *Miroir d'humilité*, le *Miroir de la mort*, le *Miroir des pécheurs*, sont frères? Quant aux mots en petites capitales, ils supposent évidemment un quatrième Miroir ou Traité, qui aurait pour objet la vie contemplative. Mais cette nécessité logique, loin de donner tort à notre hypothèse, nous semble au contraire lui imprimer le cachet de la vraisemblance. Gerson n'a-t-il pas traité bien largement ce sujet? Ne connaissons-nous pas son *de Monte contemplationis;* disons plutôt son Traité *de la Vie contemplative*, sur lequel, nous aussi, nous avons des révélations à faire? Dans l'*Imitation*, n'est-ce pas encore en passant et par l'humilité, et par la pensée de la mort, et par la pénitence, que l'auteur nous mène à la vie contemplative? Je ne crains donc point de le répéter : il y a entre ces divers écrits la solidarité la plus complète.

Produisons maintenant quelques extraits du *Miroir des pécheurs;* et d'abord donnons-en le titre, en faisant observer que le *Miroir de la mort*, à la différence de celui-ci, ne présente le nom d'aucun auteur.

« *Sensieut ung tres prouffitable traittie et enseignement du*
« *devot docteur saint Bernard, appelle le Miroir des pecheurs,*
« *quy est moult utile pour ramener la creature humaine a con-*
« *gnoissance de Dieu et de soy meismes : car lignorance de*
« *celle congnicion maine pluiseurs a perdition eternele,*
« *comme assez tesmoingne la sainte escripture quy dist,* Igno-
« rans ignorabitur. »

Tout ce titre est écrit en lettres rouges. J'ignore ce qui a pu porter le copiste à attribuer ce traité à saint Bernard. Peut-être saint Bernard a-t-il écrit un opuscule sous le même titre, et d'après les mêmes paroles, *Utinam saperent*, etc.; mais en vérité ce n'est point celui qui se trouve dans notre Manuscrit, où saint Bernard est comblé de pompeux éloges, où sa doctrine est fort souvent citée, où toujours il porte le nom de saint, titre que saint Bernard ne se serait pas donné à lui-même; dans notre Manuscrit enfin, où des allusions historiques et géographiques n'ont d'application possible, qu'en se plaçant à trois siècles plus tard. Avant de fournir les preuves de cette assertion, je crois devoir offrir ici quelques extraits du *Miroir des pécheurs*.

« *Comment la science dacquerir paradis precede a toutes* « *les sciences humaines.*

« O povre pecheur quy maintenant ars et bruiz en enfer, « considere le mal quy te vient davoir sievy tele mauldite « societe quy a tele confusion maine. Dont que valent tant « dorgueil, de pompes, de vanitez, de charnels delitz, de « vaines paroles, de detractions, de mal dire daultruy, quant « il faut si tost mourir, et estre ainsy horriblement dampne. « Que vault aussy tant grande science que acquierent les « vains et folz clercs en ce monde, quy tant mal en usent, « quy mieulz ayment lart dAristote que la sapience et bonne « vie des apostres, a quy plus plaist estudier en vanitez quen « la parole de Dieu et de sainte humilite, ne dacquerir bonne « conscience : dont ung commun proverbe dist que bonne « conscience sans science vault bien ung mouton, mais « science sans bonne conscience ne vault pas un bouton. « Folz et malheureux doibvent bien estre reputez et appellez « telz clercs, pour tant que souvent ilz finent en malheurete « leurs jours, et engendrent pechie et mort pardurable pour « eulz et pour aultruy par leurs maulvais exemples, esquelz « les creatures tant nobles grans que petis se mirent comme « folz, car ce ne les excusera pas de dampnation, attendu et « veu le conseil que nostre Seigneur nous donne en levangile « disant : Entre vous autres non lettrez, je vous admoneste « que faittes hardiement, adfin que soyez saulvez, ce que les « clercs, gens deglise et prescheurs vous diront, cest a en« tendre de bien; mais soyez sur vostre garde de non les en« suivir en leurs maulvaises euvres et iniquitez dont pour le « temps present la plus grant partie en est toute plaine : *unde* « *dolendum est*. Car aussy il ne fault pas doubter que horri« blement sur tous autres ilz seront dampnez et pugnis. Las « et plus que helas, ne veons nous pas aujourdhuy que iceulz « clercs sont tous vains et aveuglez, et que ilz acquierent « tele conscience : comme ilz estudient es choses apparans « par dehors, ainsy acquierent ilz non pas vraye sapience qui « les pourroit saulver, mais vaine science quy pas nest sa« lutaire mais dampnable. Car science sans charite, crainte « et amour de Dieu, enfle la personne et eslieve en orgueil

« et arrogance ; mais celle qui est acquise et mise a euvre en « lamour de Dieu edifie soy meismes et aultruy. Et pour « ce telz clercs mescongnoissent Dieu et eulz meismes, et sen « vont, comme tesmoingne saint Augustin, es abysmes den-« fer. Ilz cœillent la feulle et non pas le fruit de vraye sa-« pience et conscience pure. Car ilz quierent en lescripture « inutilitez et parolès aornees pour loenge et reputation hu-« maine, et laissent tout le vray sens et entendement des « divines escriptures, ne point nacquierent les vertus de « perfection quilz deussent acquerir et cœillier comme le bon « fruit a Dieu aggreable. Et que plus est, ilz sont aujourdhuy « es cours des princes non pas pour laugmentation de lhon-« neur de Dieu ne pour le salut diceulz en les advisant de « leurs enormes pechiez, et conduite bestiale, et des grans « maulz quy se font a leur court et partout leur pays en plui-« seurs blasphemes et transgressions des commandemens de « Dieu, que bien amender pourroient ; dont pour ce que riens « nen font et que telz clercs ne leur ozent dire la reale verite, « ilz sont en voye de perdition. Mais pour quoy sy tiennent « ilz. Certes pour avoir les honneurs, et pour par benefices et « aultrement furnir leurs bourses et leurs ventres par phas « et par nephas. Telz gens font comme dist saint Pol : *Omnes* « *querunt que sua sunt;* non pas lhonneur de Dieu ne le salut « des princes ; car meismes ilz flatent et blandissent la ou ilz « sont, quant point ne donnent a congnoistre de la sainte « escripture la verite, mais vont autour du pot pour com-« plaire. Daultre part ilz se tempestent et troublent, et jec-« tent les paroles au vent, et batent laer en faisant lung « contre laultre plente dargumens et questions, et ne leur « chault de estudier ne davoir bonne conscience ; ains sont « contens et leur souffit quilz se puissent, comme dit est, « monstrer devant le monde grans clercs, appetans gloire « mondaine, et ainsy, vous mentendez bien, adfin que par-« venir puissent a leurs fins civiles. Ausquelz folz yvres et « clercs aveuglez parle nostre Seigneur par la bouche de « David disant : *Turbati sunt et moti sunt;* cest a dire les « clercs mondains sesmeuvent et troublent en leur science « comme gens yvres, et leur science est venue a neant ; car

« ainsy comme les yvrongnes vont et viennent, et dient plente « de paroles et ne savent quilz dient, ainsy sont ceulz vains « clercs quy sont sans bonnes euvres, quant de leur science « point ne vient le fruit de salut a quoi ilz doibvent contendre, « car cest la principale cause pourquoy science fut premier « trouvee. »

Ce passage me semble remarquable à plus d'un titre. La religion et la philosophie, l'histoire, la littérature et la critique peuvent y puiser des enseignemens. Mais la tâche que je me suis imposée se bornant à celle de critique, je dois ne chercher dans ce morceau curieux que ce qui peut jeter quelque jour sur la question qui nous occupe. Eh bien, ici encore je retrouve et l'époque à laquelle florissait Gerson, et la pensée qui préside à tous ses écrits, et l'esprit de l'*Imitation*. Il est impossible de n'être point frappé de cette vérité. La simple lecture de ce chapitre suffit, ce me semble, pour le prouver, sans qu'il me soit nécessaire d'en faire l'analyse et de mettre en saillie les passages qui viennent à l'appui de cette opinion. D'ailleurs je me réserve ce moyen de preuve, et plus bas j'y aurai recours.

Permettez-moi, M. le Conseiller, de transcrire ici encore un morceau qui me semble bien caractériser l'époque à laquelle ce traité fut écrit. On ne lira pas sans intérêt ces détails relatifs à un art que l'on cherche à rajeunir aujourd'hui.

« Item au regard des deniers quy semploient a faire paindre « les murailles ou verrieres, tables dautel deglises et aultrement, meismement les personnages ou la pourtraitture des « pecheurs et leurs armes sont, ou aultres vanitez pareilles, « quil les vauldroit mieulz mettre et employer a nourrir les « povres membres de nostre Seigneur, ou a marier des « povres pucelles, et que teles euvres seroient a Dieu plus « aggreables. Mais quoy tu me diras : Ce me fait trop plus « grant bien quant je me voy ainsy paint en paris et en armes, « et ainsy je incite les gens a pryer Dieu pour moi. O povre « glorieux, escoute ung petit mon conseil, et par ce advise « bien se ton intention est saine, droitte, et non tortue. « Certes je te conseille, puis que a toutes fins il fault que ces

« paintres si gaignent a toy que le monde te veant paint ait
« plus doccasion de prier pour toy, mais que plus est que
« Dieu en soit moult edifie et honnoure... que tu te faces
« paindre avec la Magdalaine au pie dune belle croix en
« verriere ou aultrement en aultre endroit que tu fais ordon-
« ner a ta devotion, et non en pans et en armes ou robe
« fourree, ainchois tout nud en chemise, et quoy plus la hart
« ou col, a genoulz embrachant la croix, en requerant moult
« humblement nostre Seigneur que par le merite dicelle croix
« il ait mercy de toy ; tu es en adventure destre pendu aux
« fourches denfer. Et madamoiselle la cornue et la despoi-
« trinee (1) sera daultre coste, a celle fin quelle nait la teste
« boutee ou feu denfer, en humble et simple habit, a
« lexemple de la vierge Marie quy receut tant de douleur au
« pie de icelle croix a la mort de son tres benoit filz. »

Tout jusqu'ici, M. le Conseiller, me semble s'accorder parfaitement avec le caractère, le style et l'esprit de Gerson. En sera-t-il de même du morceau suivant ? Quoique je n'ose me prononcer là-dessus, l'impartialité de ma critique exige que je lui donne une place ici, au risque de fournir des armes contre moi.

« Or je vous prye que bien regardez et contemplez aujour-
« dhuy la conduite de pluiseurs nobles hommes et gentilz ;
« et especialement de ces jeunes glorieux, oultrecuidiez or-
« gueilleux, quy debvroient estre miroir de toutes vertus et
« exemple de tout bien au menu et rude peuple en toutes
« bonnes meurs, en Dieu honnourant comme ainsy soit que
« de ce faire sont grandement tenus, comment ilz vous sont
« remplis diniquite tant en blasphemes que aultrement.
« Aussy cest chose toute commune que les pluiseurs sont

(1) Au commencement du quinzième siècle, les femmes des bourgeois portaient de grands chaperons soutenus par des pièces de cuir ou de baleine ; les nobles demoiselles avaient des coiffures à grandes cornes d'où pendaient de longs voiles à queue. « Les femmes, dit M. de Barante, et surtout celles de haute lignée, avaient si peu de retenue, et portaient des ajustemens si indécens et si ridicules, qu'on ne savait qui était le plus fort ou du scandale ou de la calamité. »

« mensongiers, car point ne tiennent de verite ne de loy-
« aulte de chose quilz promettent par serment ; et quil soit
« ainsy je men raporte bien a madamoiselle dessus ditte ve-
« rite quy vous en baille auctorite et tesmoingnage de leurs
« hostes cordewainiers, cousturiers, drapiers et aultres gens,
« desquelz ils prendent leurs denrees ; car plente en y a quy
« par les longues creances en sont povres, pour tant que
« nulle raison ilz ne pevent avoir deulz, et dient que cest
« gentillesse de faire par tele maniere, et quil nappartient
« pas aussy a ung vilain de Dieu blasphemer et renoier
« comme ilz font. O tison denfer, o vilain et plus que vilain
« de la grant vilonnie, o statue plaine de iniquite, est ce la
« loenge que tu rens et lhommage que tu fais a Dieu ton
« createur pour la grace quil ta fait oultre et par dessus le
« povre homme laboureur, quy tandis que tu te pourmaines
« ou que tu dors et que tu prens tes plaisances, a la sueur
« de son corps cotidiennement laboure les terres dont les
« biens nous viennent, desquelz tu te nourris et te tiens gros
« et gras en prendant tes aises et en dormant la longue ma-
« tinee. Viens ca, dis moy, douloureux, ou sont ne ou
« estoient tes merites avant ton entree en ce monde, pour
« quoy il ta fait plus de grace que a cestuy povre homme quy
« est aussy bien sa creature comme toy ; ne quil ne ta destine
« a cestuy laborieux estat, ou quy plus est cree ung crapaut
« ou quelque beste mue, comme bien faire povoit et encores
« feroit se bon luy sambloit ; comme il fist de Nabugodonosor
« roy de Babylonne, lequel par son orgueil dechey de son
« regne ; et le persecuta nostre Seigneur tellement que par
« lespace de sept ans entiers il habita avec les bestes mues,
« mangant et vivant comme elles, ainsy quil appert ou texte
« de la bible. O maulditte ingratitude laquele, comme dist
« saint Bernard, seche la fontaine de pitie et de misericorde,
« si quelle ne peut couler sur ceulz quy sont environnez
« dicelle paillarde, et les rend du tout indignes a recepvoir
« aultre grace gratifiant quy leur seroit salutaire ; tesmoing
« saint Gregore qui dist : *Non est dignus dandis, qui non
« agit grates de datis.* Regarde en oultre les serimonies quilz
« tiennent en leglise de Dieu quy est maison doroison comme

« il meismes le dist : *Domus mea domus orationis vocabitur.* « Durant le saint service, ou que pis est tandis quon chante « les messes, tu verras que les ungs ny font que plaidier ou « les aultres se pourmainent en faisant la roe par devant mes « damoiselles.

« Souvent peut advenir que les dessusditz, en ayant ce « tres saint mistere en desrision, diront a messire Gontier ou « aultre : Or sus, nosire, despechiez nous une messe de chas- « seur a coup, car les tripes sont sur le feu. Or vrayement se « tu estoyes alite de unes fievres quartes, tellement que en « ung mois tu nentrasses a leglise pour ainsy oyr messe, je « tieng que tu feroies trop plus de plaisir a Dieu que dy user « de telz langages ne y faire teles serimonies dampnables ne « teles desrisions, ne se font pas sans grant pechie commettre. « Mais toy, povre aveugle messire Gontier ou aultre, tu es « bien abuse de toy tenir ainsy et demourer avec telz disci- « ples de dyable, en tant que tu leur obeys et complais, et que « avec eulz tu dissimules et souvent te rigolles, quy pis « vault; car tu es tenu de les reprendre ou de leur monstrer « bon exemple et bonne doctrine en conversant entre eulz « honnestement et saintement, comme ton saint estat le re- « quiert, et veu que tu es leur pere espirituel; mais quoy je « me doubte : *Qualis pater, talis filius...*

« A leur confusion ilz ne font non plus dhonneur a ung « prebstre que a ung cuisinier, telement sont ilz aveuglez. Et « toutesfois selon equite ilz ne sont pas bons assez pour des- « chausser ung prebstre. Mais que font encores les dessusdis « glorieux. Cuidiez vous que quant on celebre nostre Sei- « gneur, quy est le createur du ciel et de la terre, quilz « daignassent eulz mettre a deux genoulz par terre et a nud « chief en ostant leur bonnet, quilz ont mis tout hault, vous « mentendez bien, en maniere de nid de grue. Certes nennil, « car souvent ilz ny osteront ja leur chapel ou chaperon, et « vous aront le baston en la main, en capitaine, tout droit, « en estant, si quil samble que se Dieu leur disoit *beu,* quilz « seroient tous prests pour respondre *bau!* Ou les aultres « aront loisel sur le poing, entour eulz pluiseurs chiens quy « souvent font leur ordure contre lautel; ou ilz sont le plus

« souvent a ung genoul comme dit est, encores est ce sur « ung patin ou sur ung banc ou quelque aultre siege aussy « hault que le genoul. Et a la verite ce ne samble que une « moquerie et desrision ; car aussy ilz sont si fort atachiez « de deux costez que baissier ne se pevent, cestascavoir de « lung coste daguillettes et de lautre coste dorgueil et pre- « sumption quy en enfer avec leur grant maistre les fait tres- « buchier.

« O sacq a fiens, o pourreture, o viande aux vers, o cen- « dre, o poison diniquite et chrestien infidele, est ce lom- « mage que tu fais a ton Dieu, ton createur et redempteur, « de la terre que tu tiens de luy, cest a entendre ton corps « quy nest que terre. Est ce la loenge que tu luy rens pour « tous les aultres biens innumerables quil ta fais et fait « chascun jour. Et devant ung prince mortel quy nest que « cendre tu tenclineras et ployeras ton genoul tout bas « jusques a terre, et bien souvent tous deux...

« Item il en y a daultres quy se mettent au dessus de lautel « et vous regarderont le prebstre au visage, quy luy devroit « estre grant empeschement sil estoit devot... Item ne vois « tu pas en ces predications que aulcunes de ces povres viel- « lotes quy vous sont assises bien bas a la terre et voulen- « tiers, se faire se povoit, se bouteroient dedens par grande « humilite que nostre Seigneur leur donne avec bonne devo- « tion et larmes de compunction et de contrition. Et ces grans « cadets et gros machefoins assiz bien a leur aise ou pre- « sumptueusement apuyez sur les autelz beneiz, quy par « orgueil sont enflez plus que ung triaclier (1), ny aront pas de « bonne devotion. — Trop bien, dicront les aulcuns ou de « mes damoiselles cornues quy sont assises en ces sieges sur

---

(1) J'ignore tout-à-fait le sens et l'étymologie de ce mot. On trouve bien dans le dictionnaire Rouchi-Français du savant M. Hécart, de cette ville, le mot TRIACLE, comme signifiant *thériaque ;* mais le rapport d'analogie m'échappe. Je lis aussi dans le dictionnaire de Boiste : « TRIACLEUR, *s. m.* saltimbanque, charlatan ; vendeur de thériaque ; homme qui cherche à tromper. » J'en conclus que *triaclier* doit être pris au figuré, dans le même sens que *triacleur*, et de la même manière que nous disons : « Il ment comme un arracheur de dents. »

« gros coussins et quy espoir auront dormy durant le sermon, « sans faulte le prescheur si a moult bien parle ; mais que« rez quy le face. Car souventesfois ilz feront mal leur « prouffit daulcunes choses que le prescheur aura bien dittes, « mais non pas a leur gre. Et ainsy ilz en retournent pires « quilz ny allerent. Et aultres sont quy vous aront des grandes « heures moult jolies, et meismement noz damoiselles, et la « vous demainent une grant tempeste de la langue, si quilz « ne font que empeschier les aultres et aussy le prebstre en « sa messe ; et tout ne leur vault non plus que le singe qui « barbette ; car ilz ont le cœur occupe ailleurs, a la cuisine, « ou espoir en aultre pire lieu, et regardent deca et dela « lequel a plus grosse teste, ou tous les coups a pire intention « madamoiselle la despoitrinee, quy est en adventure et « ceulx etc. de avoir la teste brulee.... Item il y a de ces « courtaulz quy vous monstrent le derriere, quy est une « chose honteuse et confuse devant Dieu et les angeles et « deshonneste a les regarder. Or pense quele devotion il peut « avoir de tous costez en teles serimonies. Les aultres sont « tant oultrecuidiez que aulcunesfois ilz se serront sur les « autelz beneiz ou journelement nostre Seigneur est consa« cre, ou du moins ilz sy apuieront tres irreverammment, et « eulz deux trois ou quatre ensamble y diront de moult hor« ribles paroles et abhominables de luxure ou aultrement du« rant la messe et le service divin et dehors. Ou ilz sy con« fesseront, ce que le prebstre sil avoit etc., pour riens « endurer ne le debvroit. Lesqueles choses ainsi faire ne se « doivent sur la table dung prince ou dung seigneur depuis « quelle seroit couverte. Et ainsy vecy lommage et les serimo« nies que les pluiseurs et la plus grant partie quy se dient « nobles et gentilz font a Dieu leur pere, createur, juge eter« nel et redempteur pour tous les biens quils tiennent de luy « oultre et par dessus le menu peuple, lequelz ilz rongent « ainsy que loups ravissans les povres oailles de nostre Sei« gneur, dont de toutes les injures et abhominations quilz « font aux petites gens es choses devant dittes et plente « daultres le bon sire Dieu ne dist mot, mais il nen pense pas « moins, et a de tout pacience *usque ad tempus ;* scachant

« bien aussy que de ses mains nul ne peut eschaper quoy quil « tarde. Mais pourroient dire ou penser aulcuns glorieux « aveuglez : Comment nostre Seigneur osera il bien pugnir « et condempner ces grans seigneurs, empereurs, roix, « ducz et princes comme aultres simples gens, veu quilz ont « tant de gens darmes et sacquemans du tout a leur comman- « dement et tous prests a mal faire. A quoy je te respons ce « quen tesmoingne la sainte escripture, cest ascavoir que nostre « Seigneur na regard ne acception sur les personnes, non « plus au grant que au petit; car tous sommes ses creatures « faittes a son ymage. »

Si nous nous placions au point de vue de la littérature actuelle pour apprécier et analyser ce morceau, nous n'hésiterions pas à le juger indigne d'un docteur aussi célèbre que le fut le chancelier de Paris. Mais si nous nous reportons au quinzième siècle, ces pensées, ces expressions, loin de nous paraître plates, bouffonnes et ridicules, seront tout au plus naïves et familières. Empreintes de la couleur de l'époque, elles n'en sont pas moins spirituelles, propres surtout à éveiller et à soutenir l'attention, et, par cette pieuse frivolité, à toucher les cœurs d'un auditoire souvent peu éclairé. Il y a loin du style et des pensées de ce passage aux pensées et au style des Barlette, des Maillard et des Menot. Cependant la critique a plus d'une fois entrepris de réhabiliter ces prédicateurs; et, sans remonter à Lamonnoye et à Leduchat, nous citerons le savant professeur M. Géruzez, notre compatriote, qui, après avoir discuté les différens reproches faits à Olivier Maillard et à Michel Menot, se prononce pour la non-culpabilité. Mais ce n'est point assez pour nous de trouver dans la littérature du quinzième siècle la justification de ce passage; car on pourrait toujours nous dire : Supposé qu'il ne répugne point à l'époque, il répugne au moins à la gravité de Jean Gerson, et ses autres écrits le désavouent. Je n'aurai qu'un mot à répondre à cette objection. Le voici : Les passages cités plus haut désavouent celui-ci au même titre. Si l'on m'accorde que le même auteur a pu composer tout cet opuscule, je ne vois point pourquoi l'on voudrait que Gerson n'eût point approprié son langage à son auditoire. D'ailleurs ne trouvons-nous point dans certains ouvrages du chancelier de Paris, et entre autres dans ses deux *Sermons sur la Passion*, des pensées et des expressions analogues à celles de ce passage, des apostrophes et des prosopopées que Casimir Oudin traite de puérilités burlesques? Au demeurant, si, faisant abstraction de la forme et de la couleur, nous nous attachons au fond et à l'esprit de tout ce passage, n'y retrouvons-nous pas l'indépendance et l'austérité de Gerson? Tout à l'heure nous l'avons vu reprocher aux clercs orgueilleux la vanité de leurs études, le vide de la science qu'une bonne conscience n'accompagne pas; maintenant c'est aux grands, aux nobles et aux princes qu'il s'adresse, pour leur reprocher leurs méfaits, pour leur rappeler qu'ils sont hommes, et que ceux auxquels ils commandent sont comme eux des créatures faites à l'image de Dieu.

Il ne nous reste plus qu'à citer quelques passages que nous éclaircirons successivement par des notes présentant le même chiffre.

1°. « Quatre causes y a, dont la premiere si est appetit « desordonne dacquerir honneurs, la seconde est de porter « a son corps trop de faveur, la tierce est davoir aux biens « terriens trop grant amour, et la quarte cause est en occu- « pation mondaine mettre trop de labeur. »

2°. « Nous navons point de sure mansion en ce present monde. »

3°. « Pareillement estoyent [en enfer] toutes gens deglise « quy plus avoient entendu au temporel que a lespirituel. »

4°. « Vecy ung bon et prouffitable miroir ouquel se les

1°. On lit dans la troisième partie du *Miroir d'humilité*, que je crois pouvoir attribuer à Gerson : « Cy parle de quatre choses quy seu- « lent faire desirer domination temporelle, quy sont, cestassavoir « honneur mondaine, puissance seculiere, richesses temporelles et « delices corporelles. »

2°. « Non habes hic manentem civitatem. » (IMIT., I, 23.)

3°. Quel autre mieux que Gerson a pu tenir ce langage?

4°. « Et valde insipiens est, qui aliis intendit, quam his quæ saluti « suæ deserviunt... Hæc est altissima et utilissima lectio, sui ipsius vera « cognitio et despectio. » (IMIT., I, 2.)

« pecheurs mirer se vouloient et regarder, ou lieu de leurs « faulses estudes, pompes et vanitez mondaines, ilz seroient « faits plus subtilz que David, plus sages que Salomon et plus « fors que Sampson. »

5°. « Ne aussy peu en sont quy pensent à la destroitte « heure de la mort quy tant est dure et terrible, de quoy « parle le prophete disant : *Omnium terribilium est mors.* »

6°. « Nous qui sommes tant foibles et ignorans debvons « bien estre sur notre garde et nous preparer a bien mourir. »

7°. Tu ne doibs pas demander de congnoistre lordonnance « du ciel ou du temps que Dieu le pere a estably par sa haul- « teur; mais demande a congnoistre et a le sentir en ton « cœur, et que tu es pelerin estrangier cheminant entre di- « vers perilz de temptations quy sont en ce povre et misera- « ble monde. »

8°. « Repentir, gemir et plourer riens ny vault, voire et « plourast autant de larmes quil y a de gouttes dyaue en la « mer... Car sil estoit possible que ung dampne plourast

---

5°. On lit au commencement de l'*Ars bene moriendi* de Jean Gerson : « Quum omnium terribilium mors corporis sit terribilissima, sicut « philosophus ait, mors tamen animæ tanto est horribilior et detesta- « bilior, quanto anima est corpore nobilior atque preciosior, dicente « psalmista. »

6°. « Beatus qui horam mortis suæ semper ante oculos habet, et ad « moriendum quotidie se disponit. » (IMIT., I, 23.)

7°. « Melior est profecto humilis rusticus, qui Deo servit, quam su- « perbus philosophus, qui, se neglecto, cursum cœli considerat. (IMIT., « I, 2.) — Sic et tu confugere debes in cordis tui secretarium, divi- « num intentius implorando suffragium. (III, 38.) — O si Jesus cruci- « fixus in cor nostrum veniret, quam cito et sufficienter docti essemus ! « (I, 25.) — Quamdiu in mundo vivimus, sine tribulatione et tenta- « tione esse non possumus. » (I, 13.)

8°. On lit dans le premier Sermon de Gerson sur la Passion : « Tu « te laves comme la corneille ; toute leau de la grant mer ne pourroit « oster le sang du benoit Jhesus de tes mains, neant plus que la noire « couleur de la corneille. » On trouve aussi dans l'*Imitation* (III, 52) : « Si enim ad instar maris lacrymas fundere possem, adhuc consolatione « tua dignus non essem. »

« autant de larmes quil y a de gouttes dyaue en la mer, si ne « obtiendroit il pas ung jour de pardon. »

9°. « Ung chascun quy est sage en toutes ses œuvres il « doibt regarder le commencement et la fin. »

10°. « Et souvent advient que ces amis, especialement fem- « me ou enfans ou bien prouchains baillent lors au malade « grant empeschement de son salut tant pour lamour char- « nele quil a envers eulz, quy luy est ung grant regret de les « laissier, comme pour les biens temporels a quoy iceulz « amis principalement tendent, sans leur challoir de leur saul- « vement. »

11°. « Quant ton ame vouldra partir de ton corps, se « presenteront devant toy les hideuz et horribles dyables, « bruyans et hullans comme lyons et chiens esragiez, desi- « rans de prendre et haper leur proye. »

12°. « Que vauldront aussy edifiemens de maisons, ac- « quester des benefices pluiseurs, et que pis est souvent par « symonie. »

13°. « En laquelle trinite sont trois personnes en ung « Dieu, comme aussi en nostre ame sont trois puissances, « cestascavoir memoire, entendement et voulente. »

9°. « In omnibus rebus respice finem. » (IMIT., I, 24.)

10°. Dans la cinquième partie de l'*Ars bene moriendi* (voyez ce que nous disons plus bas de ce manuscrit), je trouve les lignes suivantes : « Unde, secundum cancellarium parisiensem, sæpe per unam talem « monitionem et consolationem falsam et fictam, sanitatis corporis con- « fidentiam, certam incurrit homo damnationem. » L'auteur quel qu'il soit de cette observation, pour prouver que les regrets ou les consolations des amis, de la femme ou des enfans, sont souvent préjudiciables au mourant, s'appuie du témoignage de Gerson, et se réfère à un passage qui nous paraît avoir quelque analogie avec celui que nous commentons, si ce n'est pas ce passage lui-même.

11°. « Quum illa extrema hora venerit.... sicut furiosi canes.... ululabunt. » (IMIT., I, 23 et 24.) — « Diabolus, qui semper circuit « quærens quem devoret. » (I, 13.)

12°. La simonie était très-commune du temps de Gerson. On sait qu'il a fait à ce sujet plusieurs traités spéciaux.

13°. La bibliothèque de Valenciennes possède une très-rare édition de quelques opuscules de Gerson (Voyez ce que j'en dis plus loin). Il

14°. « Nous lisons que le propre jour que saint Bernard « trespassa, environ XXXIII m personnes trespasserent au « monde, desquelz il ny ot que les chinq saulvez, a scavoir « trois qui alerent en purgatoire, et deux en paradis, dont « saint Bernard fut lung, et tout le demourant descendy en « enfer. Dist encores iceluy saint Bernard quen la mer de « Marseilles quy tant est perilleuse, de quatre nefz nen perist « pas une ; mais en celle mer du monde de quatre ames nen « va pas une en paradis. »

15°. « Sy te conseille que tu te gardes du chant du cor- « beau quy dist ainsy, *cras, cras*, cest a dire, demain, « demain, je me amenderay ; mais je te conseille et advise « que tu chantes cestuy chant en disant, *nunc, nunc*, car « tel chant bien note et excercite est salutaire. »

16°. « Ung bourguignon natif diceluy pays de Bourgon- « gne sil estoit du tout desobeyssant a son seigneur monss[r] « le duc de Bourgongne et a ses ordonnances, et se rendist

---

s'y trouve un traité intitulé *De profectibus religiosorum*. Or, je lis au livre premier, chapitre 5, de cet ouvrage, les lignes suivantes : « Ra- « cionalis autem spiritus est imago summæ trinitatis ; et sicut Deus est « trinus et unus, ita anima quum sit una habet tres potentias quibus « capax est Dei, scilicet rationem, memoriam et voluntatem. » Il est impossible qu'on ne soit point frappé de l'analogie de ces deux passages.

14°. Preuve évidente que ce traité, tel qu'il est du moins dans notre manuscrit, n'est point de saint Bernard. Voyez d'ailleurs ce que nous en disons plus loin, page 33.

15°. J'ai dit que je croyais pouvoir attribuer à Gerson le *Miroir d'humilité*, dont j'ai parlé dans mon premier Rapport. Or, je trouve dans ce traité le passage suivant : « Ils ont repondu a Jhesus ainsy que « chante le corbeau en disant, *cras*, *cras*, *cras*, cest a dire, demain, « demain, demain. »

16°. Ne semblerait-il pas résulter de ces lignes que le *Miroir des pécheurs* a été composé vers 1404, époque où le duc de Bourgogne eut à défendre son comté de Flandre contre les Anglais, époque aussi à laquelle convient parfaitement le long passage que nous avons cité plus haut, sur les vices des gens de cour ? Gerson pouvait fort bien se trouver alors dans le *pays de Bourgongne*, puisque ce fut à cette même époque qu'il fut envoyé, au nom du clergé de France, vers le pape d'Avignon, Pierre de Lune, qui prit le nom de Benoît XIII.

« obeyssant au roy dAngleterre, lon diroit de ung tel a bon « droit quil seroit traytre bourguignon et desloyal subget a « son droiturier seigneur, et mieulz angloix que bourgui- « gnon. »

17°. « Las dis moy que vault il disputer de la trinite, et « quon nait point de humilite, par quoy on soit de Dieu « abhominable repute. »

18°. « Et se peut proprement celuy appeller non scachant « qui point ne se sent pelerin et estrange en lexil du monde. »

19°. « O pecheur, regarde piteusement le doulz Jhesus « quy a son chief couronne de poingnans espines et la en- « cline en la croix pour les pecheurs baisier et avec eulz « faire paix, se a luy veulent retourner ou temps present. « Encores a il les bras estendus en icelle croix pour tous pe- « cheurs embrachier. »

20°. « Or laisse donques ton obstination et ta vie damp- « nable en retournant a ton createur, en faisant paix avec « luy par le moyen de trois nobles damoiselles, cestascavoir

---

17°. « Quid prodest tibi alta de Trinitate disputare, si careas humilitate, unde displiceas Trinitati? » (IMIT, I, 1.) Laquelle de ces deux phrases est la traduction de l'autre? Certes, toutes deux sont du même auteur; autrement la source eût été indiquée par celui qui y puisait, comme cela a lieu dans tout le reste de l'ouvrage.

18°. On lit dans le fragment d'un sermon français de Gerson recueilli par Ellies Dupin : « Pelerin voire sommes nous, hors mis de nostre « cite, de nostre païs, de nostre heritaige, de nostre finable felicite, « ou desert de ce present monde, en la vallee de pleur, en la region de « povrete. » La même pensée se retrouve aussi plusieurs fois répétée dans l'*Imitation de J.-C.*

19°. De même encore nous lisons dans le *Miroir d'humilité*: « Voy « et considere comment nostre doulz sauveur Jhesucrist attent pendant « en la croix ses mains et ses bras estendus pour toy de bon vouloir re- « cepvoir a merchy, comment il a le chief encline pour toy baisier, les « mains ouvertes pour toy donner, les pies clouez et attachies pour de- « mourer aveuc toy, et son coste ouvert pour toy tout mettre dedens « soy. »

20°. « Estat, famille et chartre de Penitance. Ses trois filles : Con- « trition, Confession, Satisfaction. » (Extrait du *Second mariage et espousement*, etc., dont nous parlerons plus loin. Voyez page 31.)

« de sainte Confession, de sainte Contrition et de sainte « Satisfaction. »

21°. « Et toutesfoiz on voit pour le jourdhuy que cestuy « horrible pechie de blaspheme, quy est a Dieu si desplai- « sant, regne quasi par tout le monde, et par especial en la « court des roix, des grans princes et des nobles. »

22°. « Dist encores ce glorieux docteur saint Augustin : « O pecheur, pour obtenir pardon de tes pechiez il ne te est « point necessite daler a Rome ne en Jherusalem, ne en « maint aultre pelerinage, ne de donner ton argent a ces « questeurs pour avoir leurs bules, et ou il y a souvent de « tresgrandes abusions ; mais seulement va en ton cœur et « tefforce de Dieu amer et ton prouchain en luy faisant par- « don liberalement... Tu doibs scavoir pour reale verite que « sans celle penitance et charite quy gist au cœur, se tu « avoies toutes les indulgences de tous les papes quy furent « onques ne quy jamais seront, et que toutes tes richesses « et aultres biens a toy possibles de faire pour ton ame, « feisses en aulmosnes, edifices deglise, ou aultrement quon « pourroit deviser, *nichil tibi proderit* pour obtenir la vie « eternelle. »

Il sort de ces rapprochemens plus d'une conséquence. Si d'un côté la question se trouve éclairée par rapport au *Miroir des pécheurs*, d'un autre côté le *Miroir d'humilité* et même l'*Imitation* profitent également de cette lumière, et cela sans que nous tournions dans un cercle vicieux ; car, dans ce que nous avons dit jusqu'à présent, nous avons toujours été du connu à l'inconnu : l'époque, le caractère, les

---

21°. Le blasphème était très-commun, surtout parmi les nobles et les grands, au commencement du quinzième siècle. On sait que Gerson a écrit sur cette matière.

22°. Il est impossible de ne point reconnaître ici le caractère et l'esprit du chancelier de Paris, de celui qui a écrit le traité intitulé : « *Modus quidam quo Romam ire non valentes in anno Jubilæo, spiritualiter eamdem peregrinationem perficere possunt.* » — Nous lisons aussi dans l'*Imitation*, livre I, chap. 11 et 15 : « Si tantum in istis « exterioribus observantiis profectum religionis ponimus, cito finem « habebit devotio nostra. Sine caritate opus externum nihil prodest. »

écrits authentiques de Gerson, voilà quel a été le centre d'où sont partis les rayons qui sont venus éclairer chacun des ouvrages cités, lesquels se renvoyaient ensuite une lumière réciproque.

Résumons-nous donc en deux mots. La question qui nous occupe est complexe. Nous avons voulu établir, 1°. que ce double traité n'est point de saint Bernard, comme l'indiquent le manuscrit et le Catalogue de la Bibliothèque ; 2°. qu'il est de Gerson. Nous avons prouvé jusqu'à l'évidence la première partie de notre assertion. Quant à la seconde, nous n'avons nous-mêmes que des présomptions, fortes et graves il est vrai, mais qui ne sont point une certitude. Nous dirons plus : le passage relatif aux vices des gens de cour nous avait presque forcés d'attribuer ce double ouvrage à Jacques Legrand, savant augustin prédicateur du roi Charles VI. C'est qu'en effet le sermon qu'il prononça le jour de l'Ascension devant le duc d'Orléans et la reine, en 1405, a la plus grande analogie avec le morceau que nous avons reproduit (1). Mais d'autres considérations, et surtout la découverte du manuscrit dont je vais vous parler, M. le Conseiller, m'ont déterminé à penser que le *Miroir de la mort*, le *Miroir des pécheurs* et le *Miroir d'humilité* venaient du même auteur, c'est-à-dire du chancelier de l'Université de Paris.

II.

Le second Manuscrit dont j'ai à vous parler, M. le Conseiller, est ainsi désigné sur le Catalogue de la Bibliothèque de Valenciennes : « *Le Miroir des pecheurs, par Me Jehan Gaschaux.* » Or, ce traité n'occupe que les six derniers feuillets d'un Manuscrit qui en contient plus de deux cents. Ce même livre renferme plusieurs opuscules mystiques, écrits en langue

(1) Voyez *Histoire des ducs de Bourgogne*, par M. de Barante ; Paris, 1837, tome II, page 361.

vulgaire, dont on ne fait aucune mention, dont on ne soupçonne pas même l'existence. Il y a, je n'en doute pas, dans la Bibliothèque de Valenciennes, bien des richesses enfouies, mais que le hasard seul peut révéler. Le Catalogue, loin d'en favoriser la découverte, la rend souvent plus difficile que ne ferait l'absence complète de documens. Le savant bibliothécaire, M. Aimé Le Roy, a fait beaucoup déjà pour rectifier les erreurs nombreuses de ce Catalogue, et y substituer des indications précises et des notes importantes; mais son travail est bien loin encore d'être complet.

Voici l'énumération des traités que contient ce Manuscrit sans date, sur papier, in-f°.

I. « Cy commence le livre de la vie contemplative, lequel « fist et ordonna mestre Jehans de Garchaux (*sic*) pour ses « suers germaines, etc. »

II. « Chi commenche li secres parlemens de lomme con« templatif a son ame et de lame a lomme sur la povrete et « mendicite espirituelle. »

III. « Cy comenchent les meditations Hugue de Saint « Victor appelles les erres de lame, et pluiseurs aultres medi« tations adjoustees avoecques qui contiennent pluiseurs « capitres. »

IV. « Cils livres cy est appelles li aguillons damours divine « qui incite damer le tres debonnaire Jhesucrist, et est com« pose en iiij parties. »

V. Un traité sans titre ni nom d'auteur, mais qu'on peut, je crois, désigner ainsi : « Les trois journées de pénitence, « qui sont Contrition, Confession, et Satisfaction. »

VI. « Cy commenche le retour du cœur perdut. »

VII. « La vie Jhesucrist, » avec ce titre en encre rouge: « Les biens et les grasces que dieux a fait pour nature hu« maine comenchant de la creation du monde jusques a las« cension. »

VIII. Un traité sans titre ni nom d'auteur, mais à la fin duquel on lit en lettres rouges : « Explicit le miroir des » pecheurs. »

Voilà, M. le Conseiller, l'énumération et l'ordre des ouvrages contenus dans ce Manuscrit sur lequel je n'ai pu obtenir des renseignemens bien précis. En le parcourant cependant, j'ai découvert au bas d'un feuillet la signature suivante : « Ce livre est a Adrienne de Berlemont dame de Sore. » Ce Manuscrit, dont l'écriture est tout-à-fait différente du précédent, est écrit tout entier de la même main. Il a été certainement exécuté dans ce pays-ci, mais je ne saurais dire au juste à quelle époque. Je me bornerai donc à vous soumettre les observations que j'ai faites sur chacun des traités qu'il renferme : je les reprends dans le même ordre que plus haut.

I. Ce premier traité est de Jean Gerson, dont le nom a été quelquefois écrit *Jehan Jarson;* d'autres fois, comme ici, *Jehans de Garchaux ;* d'autres fois enfin *Jeh. de Jarchon*, comme nous le verrons plus bas. Que M. de Grégory ne s'étonne donc plus de rencontrer dans quelques Manuscrits le nom de *Gerson* métamorphosé en celui de *Gersen :* cette altération est bien légère, comparée à celles que nous venons de signaler.

Ce traité, je le répète, est de Jean Gerson, qui le composa d'abord en français, puis le traduisit en latin, avec ce titre : *De Monte Contemplationis.* A coup sûr M. Onésime Le Roy ne se doutait pas que la Bibliothèque de Valenciennes possédât un Manuscrit français de cet ouvrage, quand il écrivait dans ses *Études sur les Mystères*, page 445, les lignes suivantes : « Ainsi le traité *De Monte Contemplationis*, dont nous « avons parlé précédemment, nous ne l'avions pas en fran- « çais, et l'on pouvait bien le croire perdu, puisque déjà, « dans sa lettre, le frère de Gerson le met au nombre des « écrits français dont l'existence est incertaine : *Incertum si* « *et ubi supersint.* Mes recherches me l'ont fait découvrir à « la suite d'ouvrages insignifians, dans un in-folio manu- « scrit, 6850 de la Bibliothèque Royale. Il est intitulé seule- « ment, *de la Contemplation*, et il porte le nom de Jean « Jarson (*sic*). En voici les premières lignes, qui vont jeter « quelque jour sur la question qui nous occupe. » Ces lignes, nous allons les reproduire, en plaçant en regard celles de notre manuscrit. Le texte n'étant pas exactement le même, restera la question de savoir auquel de ces deux Manuscrits appartient l'antériorité, lequel des deux pourrait être l'original, ou si tous deux ne seraient qu'une traduction française faite depuis la mort de Gerson sur le texte latin.

Manuscrit de Paris.

Aucuns se pourroient esmerveiller pourquoy de tant haulte matière comme est de la vie contemplative je vueil escripre en françois plus que en latin, et plus aux femmes que aux hommes... Ad ce, je répons qu'en latin ceste matière est donnée et traitiée de saints docteurs, comme de saint Grégoire en ses Moralitez, de saint Bernard sur les Cantiques, et aussi de plusieurs autres. Si pevent avoir recours les clercs qui scevent latin à telz livres, mais aultrement est de simples gens, et par espécial de mes suers germaines, auxqueles je veuil escrire de ceste vie contemplative et de cest estat.

Manuscrit de Valenciennes.

Aucuns se poroient donner merveilles pourquoy de matere haulte comme est parler de la vie contemplative je voel estraire en franchois plus que en latin, et plus aux femmes que aux hommes... Ad ce je respons quen latin ceste matere est donnee et traitie tres excellentement es divers livres et traities des sains docteurs, comme de saint Gregoire en ses Moralites, de saint Bernart sur les Cantiques, de Huc de saint Victor, et ausi de pluiseurs aultrez. Si puellent avoir clers qui sevent latin recours a telz livres. Mes aultrement est des simples gens, et par especial de mes suers germaines auxquelz je voel escripre de ceste vie et de cest estat.

En admettant que M. Onésime Le Roy ait transcrit ce passage aussi religieusement que nous (aux accents et à la ponctuation près), on voit que son texte diffère un peu du nôtre. Lequel de ces deux Manuscrits peut réclamer l'antériorité? je n'ose me prononcer là dessus, faute de données suffisantes. Mais je ne puis me dispenser de reproduire ici les lignes écrites en lettres rouges, que je lis en tête du traité *de la Vie comtemplative*, Manuscrit de Valenciennes :

« *Cy commence li livre de la vie contemplative lequel fist et*

« *ordonna mestre Jehans de Garchaux pour ses suers germai-*
« *nes tres devotes et plus, car elles estoient ses suers en Dieu,*
« *et se estoit leur peres gouverneurs de la sainte escripture, et*
« *pour tant quil dist que aulcuns livrez sont tres necessaires et*
« *pour maintenir ceste vie contemplative, en ai ge cy mis*
« *pluiseurs qui ad ce appertiennent, que maint vaillant doc-*
« *teur ont fais, et les ay fais tournans a Dieu afin que la crea-*
« *ture se puist occuper a lui seul, en remonstrant son indi-*
« *gense et en recongnoissant les benefisses que Dieu lui a fais,*
« *et ce meditant en cœur et puis demander par orison, et quant*
« *il les sentira, que ce puist contempler. Et pourtant appelle*
« *jou cest livre les livres dou sollitaire contemplatif ou il trou-*
« *vera la magniere comment il doibt vivre.* »

Ce traité *de la Vie contemplative* se divise, dans notre manuscrit, en quarante chapitres ; on lit à la fin du dernier : « *Chi senssievent les rebriches de la vie contemplatives faite* « *par mestre Jeh. de Jarchon;* » puis viennent les titres de ces chapitres.

Si nous nous en tenons à la lettre de la petite Introduction qui ouvre ce manuscrit, et que nous venons de rapporter, il semble qu'à l'exception du traité *de la Vie contemplative*, les autres opuscules qu'il renferme sont d'autres auteurs. Cependant le traité dont nous allons parler est encore de Jean Gerson, quoique notre manuscrit semble insinuer le contraire; de sorte que, par une légitime analogie, par une induction qui n'aurait rien de téméraire, nous pourrions, s'il y avait lieu, attribuer au même auteur quelques-uns des autres traités contenus dans ce livre, sans qu'on fût en droit de nous opposer ni l'absence du nom de Jean Gerson, ni les mots que le copiste a mis en tête du Manuscrit.

II. Je dis que ce deuxième traité est de Jean Gerson, comme le précédent. Il se trouve immédiatement avant celui-ci dans l'édition d'Ellies Dupin, tome III, page 487, avec le titre suivant : *Colloquium hominis contemplativi ad animam suam et animæ ad hominem super paupertate et mendicitate spirituali.* Je puise ces renseignemens dans Casimir Oudin; car l'édition d'Ellies Dupin n'est point à ma disposition. Or, ce titre est parfaitement celui que présente en langue vulgaire notre Manuscrit. Il y a cependant une observation à faire, c'est que ce traité se divise en deux parties, la première de quatorze et la seconde de vingt-huit chapitres. L'une renferme les questions et les réponses diverses de l'homme à son âme et de l'âme à l'homme; l'autre, les oraisons et méditations que fait l'âme *en guise d'une povre mendiant qui se pourcache et quiert son pain*. Je lis dans le *Manuel du Libraire* de Brunet, à l'article Gerson, que cet ouvrage a été imprimé à Paris, par Michel le Noir, l'an 1500, petit in-4° gothique, avec une gravure en bois au dessus de laquelle on lit : « Cy « commence ung petit traicte contemplatif intitule la men-« dicite spirituele... et povrete desprit compose en fran-« choys par le devot docteur maistre Jehan Jarson. » Il ne serait point indifférent de comparer le texte de cette édition avec celui de notre Manuscrit; car s'il était exactement le même, ce serait une forte présomption en faveur de l'antériorité du Manuscrit de Valenciennes sur celui de la Bibliothèque Royale.

III. Ce traité est une traduction du livre de Hugues de saint Victor intitulé *Liber de arra animæ*; mais est-ce la traduction qu'on attribue à Jean de saint Victor? Il nous faudrait, pour répondre à cette question, pouvoir comparer le texte de notre Manuscrit avec celui de l'édition dont Brunet parle en ces termes : « Cy commence ung petit traicte intitule « le livre de Larre de Lespouse, ou de Lame : compille par « maistre Hugues de sainct Victor (trad. en franç. par Jean « de Sain-Victor) : nouvellement imprime a Paris : pour Sy-« mon Vostre libraire : petit in-8° goth. »

IV. Le livre intitulé *Aguillon damour divine*, ou, si l'on aime mieux, *Stimulus amoris*, a-t-il pour auteur saint Bernard, ou saint Bonaventure, ou Anselme de Lucques, ou le chancelier de Paris? C'est moi, vous le savez, M. le Conseiller, qui ai hasardé cette conjecture. Je ne vous rappellerai point les motifs qui m'ont porté à le faire. Je les ai exposés dans mon premier Rapport. Le savant M. Gence, dans une lettre qu'il vient de me faire l'honneur de m'écrire, me dit que le *Stimulus amoris* est de saint Bonaventure, mais que la traduction, ou *Aguillon damour divine*, pourrait bien être de Gerson. J'ai donc fait sur cet ouvrage de nouvelles recherches dont voici le résultat.

Casimir Oudin ne partage point l'opinion de M. Gence. Il appelle ce traité *prolixum opusculum, quod certo ad sanctum Bonaventuram non spectat*, et il appuie son assertion de raisons qui ne me paraissent pas sans valeur. Il n'est pas plus favorable à l'opinion qui attribue cet opuscule à Anselme de Lucques. *Tantum porro abest*, dit-il, *ut hæc opuscula vel Anselmo vel Bonaventuræ honorem aliquem famamque adferre possint, quin e contra indigna omnino sint, quæ tantis tamque gravibus (ut volunt) ecclesiæ doctoribus adscribantur. Sunt enim anonymi cujusdam infantis, ridiculi, insanientis, et in expressionibus bardi, imo impudici.* Comment, après les derniers mots surtout d'une critique aussi sévère, osons-nous encore essayer de défendre l'opinion que nous avons émise? c'est que nous n'acceptons que la première partie de l'improbation de Casimir Oudin, laquelle seule nous paraît fondée. Mais voyons si lui-même ne dira rien à l'appui de notre conjecture. Après avoir soumis à l'analyse la plus rigoureuse et à la critique la plus mordante non-seulement les pensées, mais encore les expressions du *Stimulus amoris*, il termine en disant : *Fallor nisi voces istæ appellant tempora vel* Rusbrochii, *vel* Gersonis, *quibus eo devotior atque etiam doctior existimatus est, quo magis barbare et insulse quisque loqueretur*. Ici encore nous n'adoptons qu'en partie l'assertion de Casimir Oudin. Mais continuons : on trouve dans le *Stimulus amoris* les phrases suivantes qui s'adressent à la Vierge : *O amaritudine plena, quid fecisti? O domina, quare non es solitaria in camera tua? quare ivisti ad Calvariæ locum? cur te non retinuit horror facinoris, loci turpitudo, multitudo vulgi, detestatio mali, clamoris vehementia, stultorum vesania, dæmoniacorum caterva?* Que dit Oudin sur ce passage? Le voici : *Nihil istis prosopopeiis puerilius, atque sancto Bonaventura indignius esse potest*. Eh bien, nous sommes forcés de le dire, ces prosopopées ne sont pas rares dans Gerson. Il y a plus, ce passage se trouve pour la forme et pour le fond dans les *deux Sermons sur la Passion* prononcés dans l'église de Saint-Bernard par le chancelier de Paris. Ajoutons que dans le petit traité qui vient à la fin de ces deux discours il est fait allusion au livre intitulé *Aguillon de sainte amour*, sans mention du nom de l'auteur ; circonstance qui nous permet de croire que Gerson se référait à un de ses premiers ouvrages.

Quoi qu'il en soit, ce traité, tel qu'il est dans notre Manuscrit, se divise en quatre parties, dont la première contient 6 chapitres ; la seconde, 18 ; la troisième, 13 ; la quatrième, 8. Dans la première partie se trouvent, mais en langue vulgaire, les *Contemplationes in orationem dominicam, in salutationem angelicam, et antiphonam Salve regina,* que Casimir Oudin attribue à Martin des Maîtres (Martinus de Magistris), après les avoir refusées si chaleureusement à saint Bonaventure et à Anselme de Lucques. Ajoutons que l'omission du nom de l'auteur, dans notre manuscrit, ne prouve rien contre nous, puisque pareille omission a lieu à l'égard du deuxième traité, qui est bien certainement de Gerson.

V. Ce traité, je le répète, n'a ni titre ni nom d'auteur. C'est vraisemblablement le même ouvrage que le *Traité des trois Journées*, mentionné sous le n° 379, par le savant M. Le Glay, dans son Catalogue imprimé des Manuscrits de la Bibliothèque de Cambrai : ouvrage mystique, dans lequel les trois Journées qui conduisent en Paradis sont la Contrition, la Confession et la Satisfaction. Ces trois Journées sont appelées les trois filles de Pénitence dans le *Miroir des pécheurs* et dans un autre ouvrage dont je parlerai plus loin.

VI. Quant au traité désigné par ce numéro, je n'ai rien trouvé qui pût me faire connaître quel en est l'auteur : je me borne donc à en rappeler le titre : « *Cy commenche le retour du cœur perdut*, » en faisant observer que tous les opuscules contenus dans ce volume sont écrits de la même main, et que celui-ci, comme tous les autres, est un ouvrage mystique.

VII. Ce traité, qui ne présente aucun nom d'auteur, me semble devoir être divisé en deux parties ; car, après les vingt premiers chapitres, on lit ce qui suit : « *Chi commenche la* » *vie Jhesucrist au loncq selonc le teuste.* » Viennent alors les Evangiles pour toutes les fêtes de l'année, après quoi on lit : « *Chi finent les ewangilles nostre seigneur Jhesucrist*

« *selonc q les iiij teustes qui racontent sa benoite vie, comment* « *il conversa sur terre.* » Ces vingt premiers chapitres étant seuls curieux, je crois devoir en indiquer les titres :

1. Introduction. « Biauls sires dieux qui es le saint des « sains. »

2. « Comment dieux est eternels et le monde perpetuelz. »

3. « Comment dieux est ungs seulz en substance et trines « en personnes. »

4. « La formation de la terre, et de sa grandeur, et des « iiij elemens. »

5. « Pour quoy dieux fist et fourma le monde, et qui ad « ce le constraindy. »

6. « Pour quoy dieux fist nature, et comment elle œvre et « ordonne toutes coses. »

7. « Comment les iiij elemens sont assis lung dessus « lautre. »

8. « Comment diex a assis le pur air dessus les iiij ele- « mens. »

9. « Comment dieux a assis les vij planettes et les estoiles « ou firmament, et de leur grandeur et haulteur. »

10. « Comment dieux a cree les cielx, et de leur grandeur « et haulteur. »

11. « Comment dieu crea les angeles tous bons. »

12. « Comment dieux crea Adam et Eve, et ou, et pour « quoy, et de quelle matere, et pour quoy il ne fut tel quil ne « peust pechier. »

13. « Comment Adam et Eve furent dechut de lannemy « dinfers en rompant le commandement de dieu. »

14. « Comment pour le pechiet dAdam toute nature hu- « maine alloit a perdition jusque a la passion de Jhesucrist. »

15. « Comment nulle creature humaine nestoit souffissant « pour racater humain linage. »

16. « Comment Jhesucrist fust vrays fieulz de femme, fu « lomme et non point les diaubles, et les causes pourquoy. »

17. « Comment Jhesucrist fu vrais fils de mere selonc la « char sans pere, et vrays fils de dieu ou ciel sans mere. »

18. « Comment le nature humaine de Jhesucrist fu pure,
« et de la purtet de Marie virgene et mere. »

19. « Comment pechies est infinie offense a dieu, et
« comment la passion de Jhesucrist fu infinie amende a
« dieu. »

20. « Comment li dyaubles perdy la possession del humain
« linaige par sa convoitise. »

VIII. Ici encore point de nom d'auteur ; je lis seulement à la fin de ce traité les mots suivans : « *Explicit le miroir des* « *pecheurs.* » Je dois répéter que cet opuscule ne remplit que les six derniers feuillets d'un manuscrit qui en contient plus de deux cents, et qu'en dressant le Catalogue de la Bibliothèque on a fait une double erreur. On a d'abord donné à tout le Manuscrit une désignation qui ne convient qu'à la plus faible partie du volume ; ensuite, quand il s'est agi d'indiquer le nom de l'auteur, on a pris le nom de Me Jehans Garchaux qui se trouve en tête du traité *de la Vie contemplative.* Ainsi, pour porter sur le Catalogue un Manuscrit in-f[o] de plus de 200 feuillets, un Manuscrit qui renferme huit opuscules bien distincts ; pour en faire connaître et l'objet et l'auteur, on a lu et on a écrit tout bonnement la première et la dernière ligne du volume. Étudiez donc une Bibliothèque sur de pareils renseignemens !

Mais je reviens à la question qui nous occupe. Par la comparaison de ce traité avec le *Miroir des pécheurs* dont j'ai parlé plus haut, je me suis convaincu que c'est ici et là le même ouvrage. Il roule sur le même texte, *Utinam saperent*, etc. Mais ici ce texte est bien moins développé, et dégagé surtout de toute allusion et de toute couleur locale. De même que rien ici ne prouve qu'il soit de saint Bernard, de même rien non plus ne prouve qu'il n'en soit pas. Il y a cependant une observation à faire : c'est que cet ouvrage sans nom d'auteur se trouve dans un Manuscrit qui renferme des écrits de Gerson, et même un traité qui, sans présenter plus que celui-ci le nom de l'auteur, est reconnu pour être du chancelier de Paris. Je ne trouve le *Miroir des pécheurs* dans aucune édition des OEuvres de saint Bernard, ni dans celle publiée en 1641 par J. M. Horstius, ni dans celle de Mabillon de 1667, ni dans celle que donnèrent en 1690 les savans Bénédictins de la congrégation de Saint-Maur. Je ne vois donc aucune raison de l'attribuer à saint Bernard, et tout me porte à croire qu'il est de Gerson. Si maintenant l'on me demande pourquoi dans un de nos Manuscrits il n'occupe que six feuillets, tandis que dans l'autre il en embrasse plus de cent, je répondrai que sans doute cet opuscule a été d'abord adressé à une seule personne, peut-être même au frère de Gerson, et qu'ensuite le même sujet a pu fournir la matière d'un sermon dans le genre de ceux de Jacques Legrand, dont j'ai parlé plus haut. L'auteur n'aura eu qu'à étendre son premier travail en l'appropriant à la circonstance. Peut-être se rangera-t-on à cette opinion, si l'on compare les premières lignes des deux Manuscrits :

Manuscrit sur papier.

« Mon tres chier frere, « nous sommes en ce monde « fuyans et passans nos jours « comme umbre, et pour ce « il nous est necessite sou- « vent foys et par grande di- « ligence ramembrer ce que « nostre fragilite pluiseurs « foys nous fait oublyer. « Cestassavoir ce que nostre « seigneur le tout puissant « de sa pure grasce desirant « nostre salut nous enseigne « par la bouche de Moyse le « prophete quant il dist, « *Utinam saperent et intelli-* « *gerent ac novissima provi-* « *derent.* »

Manuscrit sur vélin.

« Mes tres chiers freres et « seurs en Jhesucrist, sca- « voir debvons et non pas le « ignorer que nous sommes « en ce monde passans noz « jours comme fait lombre « du soleil, pour quoy il nous « est de necessite de bien « deuement et souvent en « grande diligence ramem- « brer et recorder en nostre « cœur ce que nostre fragi- « lite nous constraint dou- « blier, cestascavoir que nos- « tre seigneur tout puissant, « de sa pure grace desirant « nostre salut, nous enseigne « par la bouche de son pro- « phete Moyse disant, *Uti-* « *nam saperent...* »

Ici, M. le Conseiller, devait s'arrêter mon Rapport ; mais la suite de mes recherches m'ayant fait découvrir quelques autres Manuscrits qui m'ont paru curieux, je crois de mon devoir de vous en donner connaissance. Je ne ferai guère que vous en indiquer l'objet, sauf à en entreprendre plus tard l'analyse, si telles sont vos instructions.

III.

SECOND MARIAGE ET ESPOUSEMENT ENTRE DIEU LE FILZ ET LAME PECHERESSE FAISANT PENITANCE EN LA PERSONNE DE MARIE MAGDALAINE. Manuscrit de 1491, in-folio sur vélin, avec une miniature.

Cet ouvrage, sans nom d'auteur, n'est que la seconde partie d'un livre vraiment remarquable. Malheureusement la Bibliothèque de Valenciennes n'en possède point le commencement. C'est encore un de ces ouvrages tout empreints de mysticisme; mais on ne saurait se faire une idée des excellentes choses qu'il renferme. L'auteur invoque souvent l'autorité des Écritures et celle des Pères de l'église ; mais plus souvent encore il cite les auteurs profanes. Tous les écrivains d'Athènes et de Rome, philosophes, historiens et poètes, ont apporté leur pierre dans la construction de ce curieux édifice. La philosophie surtout y domine. La seconde partie de cet ouvrage se divise en 85 chapitres. Voici les titres des plus remarquables :

Chap. 1. Considérations générales. Amnistie accordée aux sujets à l'occasion de l'avènement d'un prince, de son mariage ou de sa paternité.

3. « Parlement des trois personnes divines pour la re-« demption humaine. »

6. « Administration et garde des angeles entour les hom-« mes. »

7. « Diligence des angeles a trouver une espeuse propice « au filz de Dieu. »

8. « De grace et franc arbitre. »

15. « Dialogue et parlement entre lame et le corps. »

19. « Des quatre principales chambrieres de la peche-« resse. »

34. « Assamblee de tous les vices pour vexer la peche-
« resse. »

38. « Sentence de la justice divine contre lobstination de
« la pecheresse. »

29. « Appellation entregettee par la pecheresse. »

41. « Estat, famille et chartre de Penitance. Ses trois
« filles : Contrition, Confession, Satisfaction. »

69. « Des deux damoiselles Virginite et Humilite estans
« inseparablement avec la vierge Marie. »

78. « Bataille et victoire de la pecheresse contre lost du
« dyable. »

83. « Consommation du mariage entre le filz de Dieu et
« lame pecheresse convertie. »

85. « Banquet et joyeuse feste quon fist a la venue de
« lespeuse. »

Cet ouvrage est écrit en prose ; mais il s'y trouve plusieurs passages en vers, assez difficiles à distinguer, car les lignes se continuent. J'en citerai deux seulement. Le premier est dans le discours « de lempereis Orgueil a lame pecheresse. » Il s'agit de la Fortune :

« Elle est de mondaine richesse
Seule dame et seule maistresse.
Jay de ses biens tres bonne part,
Et quant je me pars elle part.
Garde que rien tu ne refuses,
Aultrement pour vray tu tabuses,
De quelque don quelle te face,
Vivre ne peus bien sans sa grace.
Son vouloir nest pas tout uny,
Elle ne fait pas tout onny ;
De ses honneurs grans aux humains
Ains a lung plus, a laultre mains.
Il sen fault raporter a elle.
Quant il luy plaist tout renouvelle.
Scaches quelle retournera
Sa roe, quant il luy plaira.

Ne pense que destre bien aise :
Car sil est chose quy te plaise,
Tu lauras delle prestement ,
Et acquerras bruit excellent.

. . . .

Dieu laisse fortune regner ,
Et sur les humains dominer,
Et pour tourner sa roe et tantost retourner ,
Blanche et puis brune.
Et il laisse soleil et lune,
Le ciel et estoille chascune ,
Leur loy commune.
Tout est regle par la fortune,
Par fois perverse ,
Quy entre les humains converse,
Et les verse et puis les reverse ,
Tant est diverse. »

L'autre passage est dans le discours « de la royne Convoitise a lame pecheresse. » C'est le développement de cette pensée : « Nul nest ame, quy na largement des biens de fortune. »

« Et quy est en povrete mis,
Il ne scet quy sont ses amis.
Il est au monde jugie vil ;
Mais le riche en a plus de mil.
Tout le monde le crient et laime ,
Son parent ou cousin le claime.
Se ung homme na de quibus ,
Passe oultre , cest un coquibus ;
Et ja soit ce quil fust bien sage ,
Ce seroit ung homme saulvage.
Il meurt de faim et de mesaise ,
Jamais ne fait chose quy plaise :
On lappelle meschant paillart.
Mais au contraire dung coquart :
Puis quil a finance a grant somme,
Ha , dist on , cest un tres sage homme.

Et ou il ne scet mot de lettre,
Il est tenu pour sage mestre.
Pour ce, nobles filles, pensez
Dacquerre flourins a monceaulz ;
Car croyez moi se vous voulez,
Ce sont amis especiaulz.
Povres gens sont toujours foulez,
Mais ces vers ne sont jamais faulz :
Quy a de largent a tous lez
En son coffre il a des chapeaulz.
Pour ce que a richesse acquise,
Et la a dangier obtenue,
Sil laime, et la garde, et la prise,
Et la prent de sa retenue,
Monstre quelle est chose bien prise,
Tres noble et de bon lieu venue :
Car chose chierement conquise,
Doibt chierement estre tenue. »

Ce Manuscrit a 304 feuillets. On lit au bas du dernier : « Icy fine le second mariage et espousement entre Dieu le « filz et lame pecheresse faisant penitance en la personne de « Marie Magdalaine. Escript et fine le derrenier jour de feb- « vrier lan M CCCC IIII^{xx} XI, par lordonnance et comman- « dement de monss^{r} Baulduin de Lannoy seigneur de Mou- « lembais, de Sorres et de Torcoing, chlr de lordre de la « thoison dor, second chambellan du roy des romains et de « monss^{r} larchiduc Phelippe duc de Bourgongne son filz, « capitaine et gouverneur des chasteau et villes de Lille, « Douay et Orchies. »

Ajoutons que ce précieux volume est parfaitement exécuté sur peau de vélin, et qu'il a appartenu aux mêmes familles que les Manuscrits renfermant le *Miroir d'humilité*, le *Miroir de la mort*, et le *Miroir des pécheurs*. On lit en effet sur le premier feuillet : « Ce livre est a Francoise de Barbanchon dame douagiere de Molembaix. »

IV.

CY COMMENCE UNG DEVOT TRAITTIE DU SAINT SACREMENT DE LAUTEL. Manuscrit sans date ni nom d'auteur, in-4°, sur vélin, avec une jolie miniature qui représente un tribunal et trois principaux personnages, 1°. *Raison assaillant*, 2°. *Conscience defendant*, 3° *Voulente juge.*

A la suite de ce traité s'en trouve un autre avec ce titre : « Cy commence une belle et prouffitable doctrine pour inciter « la creature a ensuivir nostre benoit saulveur Jhesucrist « par vertus et bonnes meurs. » On lit sur la lettre peinte de ce traité les mots suivans : « *Ctes Lannoy de Baudechon.* » Ce Manuscrit me paraît être du quinzième siècle. On lit sur le premier feuillet : « *Ce livre est a Francoise de Barbenchon, dame douagiere de Molembaix*, » et sur le dernier : « *Ce livret est a monss*r *de Moulembaix Baud. de Lannoy.* »

V.

LETTRES DE JEHAN SEIGNEUR DE LANNOY A LOYS SON FILZ. Manuscrit autographe de 1465, petit in-folio sur papier, d'une écriture difficile à déchiffrer. En le parcourant, j'ai découvert au milieu du volume la copie d'une lettre d'Alain Chartier à Jehan son frère.

Voici le texte de la dernière page de ce Manuscrit, d'autant plus précieux que c'est un autographe :

« Filz, apres la benediction que pere peult donner a son « enfant, laquelle de bon cuer et vray amour je te donne en « requerant et en toute humilite suppliant a la benoite et « sainte Trinite, a la glorieuse vierge Marie et a toute la « court de paradis, quelle soit au salut de ton ame; filz, je te « prie que souventesfois tu regardes et estudies ceste lettre, « et metz paine de la bien entendre, et considere quelle ne « test pas envoyee par ung infidele, mais par ung vray chres- « tien ; ne aussy nest a toy envoyee par ton ennemy, mais « par ton plus grant et plus vray amy, cest ton pere; ny elle « nest a toy envoyee par ung trompeur quy te voelle decep-

« voir, mais est par celuy quy de tous ceulz quy ont este,
« sont et seront, le plus de bien et dhonneur te vouldroit,
« et quy aultant ou plus desire le saulvement de ton ame,
« lamour de ton corps, laccroissement de ta lignie, lepan-
« chement de ta maison, la multitude de tes biens et la gloire
« de ton nom, comme il fist oncques le sien : parquoy
« doncques tu doibs bien adjouster foy a ceste lettre, la-
« quelle au plaisir et a la grace de nostre seigneur te pourra
« plus prouffiter que nuyre. Si prye a Dieu quil te doinst la
« grace de tellement toy gouverner en ce monde cy que tu
« puisses acquerir sa grace et gloire, et faire pryer pour moy
« et pour tous tes amys, quy ensamble nous puist valloir.
« Escript de ma main le IIIe jour du mois de may lan de grace
« nostre seigneur Jhesucrist mil IIII^{c} lxv

« Vostre pere Jehan seigneur de Lannoye,
« de Rume et de Sebourcq, conseiller et
« chambellan du roy et de monss^{r} de Bour-
« gongne, bailly et cappitaine dAmiens, et
« gouverneur de Lille, Douay et Orchie. »

Je n'ai pu résister, M. le Conseiller, au désir de reproduire ici ce passage, dont la lecture m'a toujours si vivement ému. Et, en effet, qu'y a-t-il à la fois de plus patriarchal, de plus chrétien, de plus chevaleresque? Ces idées pourront paraître à quelques esprits matérialisés n'être point de notre siècle, mais elles n'en appartiennent pas moins à l'humanité, et je plains les âmes où elles ne rencontrent point d'écho.

VI.

Forteresse de la foy. Manuscrit in-folio sur papier, avec une miniature des plus curieuses sur peau de vélin.

Ce volume ne porte ni date ni nom d'auteur ou de traducteur. Le Catalogue lui-même ne nous donne aucun renseignement à cet égard. Ce qu'il y a de sûr, c'est que cet ouvrage n'a pas été composé en langue vulgaire. Nous lisons, en effet, sur le premier feuillet de notre Manuscrit : « Cy commence

« la table de ce present volume intitule la Forteresse de la « foy, lequel contient en soy v livres particuliers. Mais pre- « miers est taillie le prologue du translateur, et aprez est « ente le proheme de lacteur, ouquel plusieurs loenges sont « escriptes a Dieu le createur, et ouquel aussi est mise une « complainte que ledit acteur envoie devers ledit createur, « et en la fin dicellui proheme est comfermee lintencion dudit « acteur. »

Je ne saurais dire ni la date ni l'auteur de cette translation du latin en langue vulgaire. Je lis seulement sur le feuillet de garde du Manuscrit de Valenciennes : « Ce livre est a Francoise de Barbenchon dame douagiere de Molembaix. » Il n'en est pas de même de l'ouvrage original. Nous savons qu'il a été écrit en latin, vers 1440, par un moine de l'ordre des frères Mendians, connu sous le nom de Thomas patriarche de Barbarie, et qu'il a été plusieurs fois imprimé. C'est au moins ce que nous apprennent J. Wolphius et Casimir Oudin (1). Voici l'analyse qu'Antoine Possevin nous a laissée de cet ouvrage : « *Fortalitium fidei sic prænotatus liber, quo agitur de armandis fidelibus, et de sex armorum spiritualium generibus : quin et quibus armis muniendi sint veri concionatores: ubi plura de bello contra Hæreticos, Saracenos, Judæos, et eorum ac Dœmonum fraudes adversus nos.* »

VII.

Anatomie de l'ame, *par le R. P. Constantin de Barbençon*, manuscrit in-4° sur parchemin. C'est ainsi du moins qu'il est désigné sur le Catalogue de la Bibliothèque.

Ce titre devait attirer mon attention ; aussi me suis-je em-

---

(1) Dans un autre endroit cependant, Casimir Oudin nous apprend qu'*Alphonse de Spina*, évêque d'Orinopolis, passait pour être l'auteur de cet important ouvrage ; mais il ne tranche point la question, et se contente de dire : « *Quisquis author hujus* Fortalitii fidei *asserit lib.* II, *hæresi quinta, se scripsisse librum illum Vallissoleti in Hispania, anno* 1458. »

pressé d'examiner ce volume. J'en donne ici le véritable titre, tel que je le lis sur le premier feuillet :

« Divers instructions et documens tres utils pour achemi-
« ner une ame a la spiritualite et vraye theologie mystique :
« le tout tire et recoille 1° de l'*anatomie de lame* composee par
« le R. P. Constantin de Barbançon, capucin ; 2° du *Mont*
« *Carmel*, de la *Nuist obscure* et de la *Vive flamme damour*
« compose par le B. P. Jan de la Croix, carme deschausse et
« coadjuteur de Ste Therese pour la reformation de leur
« ordre ; 3° de l'*Amour divin* compose par le B. Sales, et
« aussi des *Epistres spirituelles* diceluy, avec la table de
« chasque partie, quavons collige pour aider la memoire, et
« avoir plus facil recours ausdits autheurs, ne notant icy que
« les plus notables et necessaires points et matieres, ren-
« voyant a loriginale pour se contenter plus a plain. »

Ce Manuscrit, sans date ni nom d'auteur, me paraît assez curieux, en ce qu'il contient l'exposé succinct et raisonné de plusieurs ouvrages essentiellement mystiques.

VIII.

MARGARITA PHILOSOPHICA. Manuscrit sans date sur parchemin, format in-12.

Ce qu'il renferme de plus remarquable est un traité attribué à Aristote, et traduit de l'arabe en latin par Philippus Clericus. Ce traité est l'ouvrage connu sous le nom de *Secreta secretorum*. Cependant il ne porte point ce titre dans le Manuscrit de Valenciennes. Il y est précédé d'une épître, dont voici les premiers mots : « *Epistola Philippi, Guidoni glorioso pontifici Tripolis civitatis, directa.* »

IX.

ARS BENE MORIENDI. Manuscrit sur papier, in-4°, venant de l'Abbaye de Saint-Amand. On lit sur le feuillet de garde :

« In hoc volumine continentur eximie exceptiones selecte « et descripte a viro non minus probo quam docto domno « Adamo Bornago cantore hujus Amandensis monasterii. « Hinc subsequuntur nonnulle misse pro peregrinantibus, « postea tractatus de arte bene et faustiter moriendi ; con- « tinentur insuper approbate et non infimi decoris medita- « tiones diversorum doctorum super passione domini nostri « Jesu Christi, cum expositione super epistolam beati Pauli « ad Titum, et super Abdiam prophetam.

« Bene utenti benedictio.

« Domnus Georgius Brisse hec fieri et concinnari studuit, « anno quo frater ipsius a sancta civitate Hierusalem rever- « tebatur 1552 die VII mensis martii feria tertia. »

L'*Ars bene moriendi* que contient ce Manuscrit, est bien celui de Gerson. Seulement il est précédé d'un prologue qui vraisemblablement n'est pas de lui. Dans ce prologue le traité est divisé en six parties, dont les quatre dernières ne me semblent pas être de Gerson. Je lis, en effet, dans le texte de la cinquième partie les mots suivans : « *Unde, secundum cancellarium parisiensem, etc.* » Parmi les autres pièces qui viennent à la suite de ce traité, il en est qui portent à plusieurs reprises le nom de *Gerson*, mais d'une écriture plus moderne. Ce sont des commentaires sur la Passion.

X.

Gersonii opera. Ancienne édition gothique, in-4°, sans date ni lieu.

Il ne me reste plus, M. le Conseiller, qu'à vous parler de cette édition, remarquable sous deux rapports : 1° parce qu'elle est extrêmement rare; 2° parce qu'elle contient un traité que je ne vois point dans l'édition d'Ellies Dupin, et qui me semble cependant être du chancelier de l'université de Paris. Ce traité est intitulé : « *Profectuum religiosorum libri II.* » Malheureusement le premier feuillet de cette édition a été enlevé ; il portait certainement le nom de Gerson ; car tous les autres opuscules renfermés dans le volume sont de cet auteur, dont ils présentent le nom, soit en tête, soit à la fin de chaque ouvrage. Cette édition est sans doute celle dont parle Brunet (*Manuel du Libraire*), imprimée vers 1470, avec les caractères d'Ulric Zel.

Là se bornent pour le moment, M. le Conseiller, les recherches que j'ai faites d'après vos instructions ; mais là ne se bornent point les richesses de la Bibliothèque de Valenciennes ; là ne se bornera point non plus mon travail. Sans parler des jouissances qu'il me procure, je saisirai toujours avec empressement cette occasion de me montrer

Votre très-humble serviteur
et très-zélé disciple,

Mangeart,

Professeur de Philosophie
au Collège de Valenciennes.

5 *Juillet* 1838.

www.ingramcontent.com/pod-product-compliance
Ingram Content Group UK Ltd.
Pitfield, Milton Keynes, MK11 3LW, UK
UKHW022148190726
13855UKWH00004B/1388